Carretera al Cielo

Matthew 6:33 King James Version
Mas buscad primeramente el reino de Dios y su justicia;
y todas estas cosas os serán añadidas.

Por Julie Kemp
y Landon Whitley

Esta increíble historia de experiencias en el cielo, te dará consuelo al conocer la belleza que les espera a todos aquellos que creen en Jesús.

Copyright © 2018 Julie Kemp y Landon Whitley
llustrado por Abira Das
Todos los Derechos Reservados.

Ninguna parte de este libro podrá ser reproducida en cualquier forma o por cualquier medio sin la autorización previa por escrito de la editora, excepto por los fragmentos breves citados en reseñas y críticas literarias.

ISBN: 978-1-61244-696-7
Número de Control de la Biblioteca del Congreso: 2018912592

Impreso en Estados Unidos

Publicado por Hola Publishing Internacional
1100 NW Loop 410
Suite 700 - 176
San Antonio, Texas 78213
Toll Free 1-877-705-9647
www.halopublishing.com
contact@halopublishing.com

A mi papá:

Sé que Dios creó al hombre a su imagen. Y papá, estoy creado a tu imagen para que siempre seas parte de mí. ¡Te amo y no puedo esperar para verte en el cielo otra vez!

~Landon Whitley

Mi nombre es Landon.
Me llamo así por un actor famoso.
Nunca tuve la oportunidad de conocerlo, aunque me hubiera gustado conocer a la persona con el mismo nombre que yo.

Cuando tenía ocho años, me encantaba jugar béisbol y fútbol. Tuve algunos amigos realmente geniales, pero mi mejor amigo era mi padre. Mi papá también fue mi entrenador. Fuimos a cazar y pescar juntos. Manejamos cuatrimotos y vimos la lucha libre.

Muchos de nuestros amigos nos dijeron que la lucha era falsa, pero la vimos de todos modos. Todos los lunes por la noche, le gritábamos a la pantalla del televisor durante la World Wrestling Federation. Mi papá incluso me dejaba quedarme despierto hasta tarde en las noches de escuela para verlo con él.

El béisbol es mi deporte favorito. Siempre llevo un jersey con el número 11. Elegí ese número porque era el de mi padre cuando el jugaba béisbol. Mi papá es mi héroe.

Un día de camino a casa desde la iglesia, mi familia tuvo un terrible accidente automovilístico. Mi papá se fue al cielo. Nadie me dijo que él fue allí. Lo supe porque allí lo vi. Yo también fui al cielo. Era la primera vez que había estado en el cielo. No estaba asustado y ni estaba triste.

Mi mamá también estaba en el auto,
pero no fue al cielo con nosotros.
Ella no estaba tan herida como mi padre y yo,
así que fue al hospital en su lugar.

La segunda vez que fui al cielo, vi a un hermano y una hermana que ni siquiera sabía que tenía. Por alguna razón, no habían vivido mucho tiempo en el vientre de nuestra madre. ¡Pero definitivamente estaban vivos en el cielo!

El cielo es un lugar hermoso. Es tan brillante. Imagina todos tus colores favoritos, luego mézclalos y hazlos brillar bajo una lupa.

¡El cielo es más grande y más brillante que cualquier arcoíris que hayas visto!

Hay ángeles en el cielo. Les gusta mucho cantar y bailar, son muy felices.
Es asombroso lo bellos que son.
Su música es alta y están alabando a Jesús.

Los ángeles están vestidos de manera diferente a las otras personas en el cielo que se llaman santos. Puedes notar la diferencia entre los ángeles y los santos.

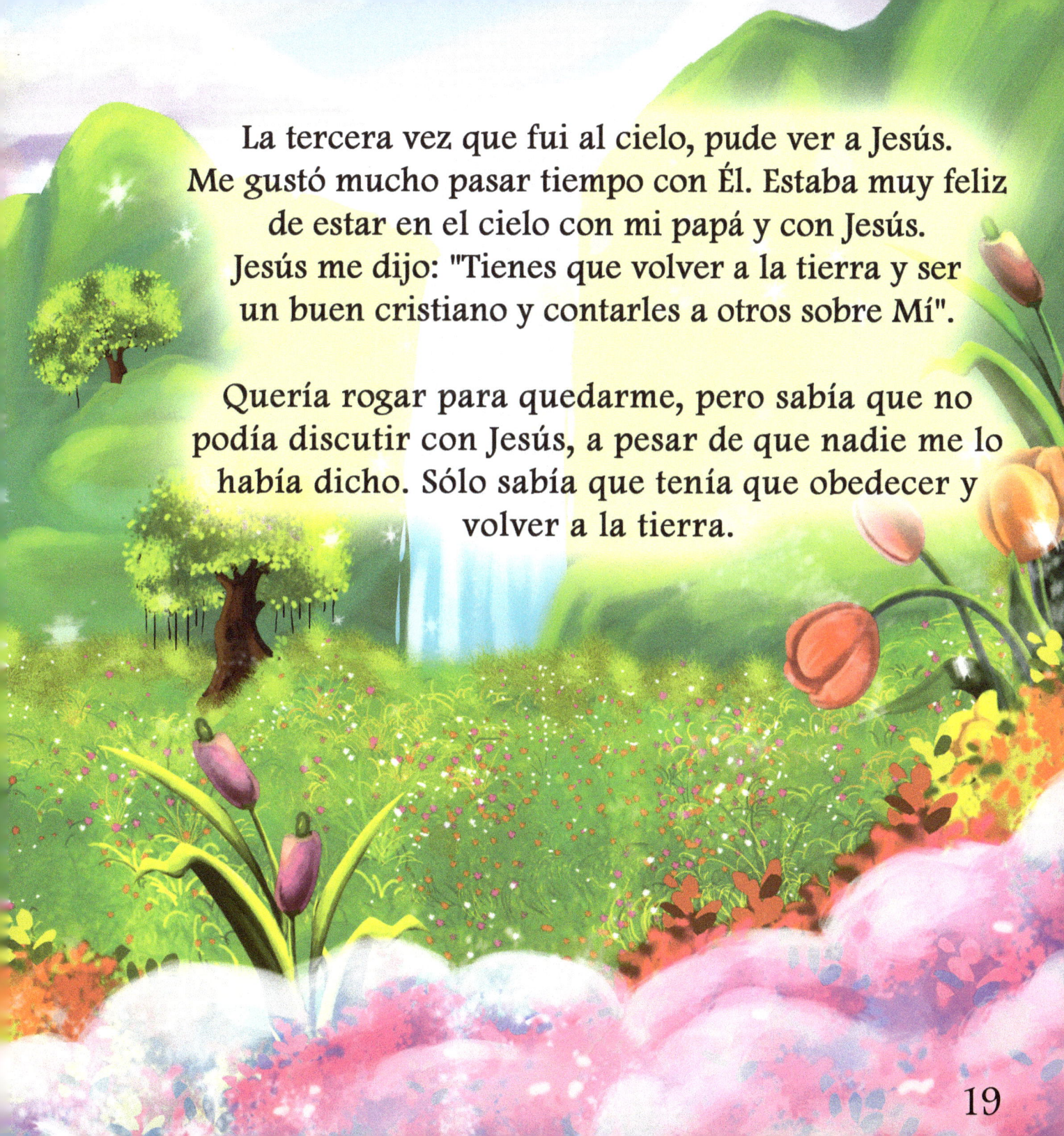

La tercera vez que fui al cielo, pude ver a Jesús. Me gustó mucho pasar tiempo con Él. Estaba muy feliz de estar en el cielo con mi papá y con Jesús. Jesús me dijo: "Tienes que volver a la tierra y ser un buen cristiano y contarles a otros sobre Mí".

Quería rogar para quedarme, pero sabía que no podía discutir con Jesús, a pesar de que nadie me lo había dicho. Sólo sabía que tenía que obedecer y volver a la tierra.

Finalmente me desperté de mi largo sueño.
¡Había dormido durante diecinueve días!
Fue mejor que un sueño.
Los médicos le dijeron a mi mamá que había estado en coma.

Me gustaron mis visitas al cielo.
Tuve la oportunidad de ir allí tres veces en un día.
No estoy triste de que mi papá se quede en el cielo.
Sé que lo extrañaré. Pero me entristece no haber podido quedarme en el cielo también.

¡ Jesús tiene un plan para mí, y también un plan para ti !

Si tu mejor amigo, tu héroe, tu mamá o tu papá
se han ido al cielo, trata de no estar muy triste.
Son felices. Todos tienen un nuevo cuerpo en el cielo,
y nadie está enfermo. Sé que extrañarás a los que amas.
Pero cree en Jesús y podrás vivir con ellos para siempre,
cuando sea tu turno.

La semana anterior a nuestro accidente, estaba sentado en mi clase y mi maestra nos dio una tarea. Ella nos pidió que hiciéramos un dibujo de lo que pensábamos que sería el cielo. Dibujé una puerta nacarada. Pensé que después de atravesar las puertas nacaradas, caminaría por calles de oro. Esa parte es cierta. Realmente hay calles de oro en el cielo. Dibujé una mansión naranja, aunque no era muy grande en mi dibujo y también incluí el río de la vida. Si te estás preguntando por qué puse un árbol en mi dibujo, fue porque pensé que mi padre y yo necesitaríamos uno para ir a cazar ciervos en el cielo.

¿Cómo crees que se verá el cielo?

Recuerda, cuando dibujes tu imagen del cielo, usa los colores más brillantes que tengas. E incluye a tu ser querido, quienquiera que sea.

Si bien no soy una persona famosa, me siento muy especial. Después de todo, siento que tengo un ángel fuera del campo que está conmigo en cada juego de béisbol.

El famoso actor que me dio nombre es Michael Landon. Él protagonizó un espectáculo llamado "Highway to Heaven". Mis padres no lo sabían cuando me nombraron así, que yo tendría mi propia carretera al cielo.

Querido Jesús,
Rezo por todos mis amigos que están tristes. Por favor, haz que sus corazones sean felices de nuevo. ¿Los consolarás y los amarás mientras llenas sus pensamientos con recuerdos maravillosos? Sé que estás cuidando mucho a sus seres queridos en el cielo. En la Biblia, dice: "Porque tanto amó Dios al mundo que dio a su único Hijo, para que todo aquel que cree en Él, no perezca sino que tenga vida eterna" (Juan 3:16).

¡Gracias a ti por cumplir todas tus promesas!

Amén

www.ingramcontent.com/pod-product-compliance
Lightning Source LLC
Chambersburg PA
CBHW041438040426
42453CB00021B/2458